# A Vida
# Espiritual

**Dados Internacionais de Catalogação na Publicação (CIP)**
**(Câmara Brasileira do Livro, SP, Brasil)**

Scquizzato, Paolo

A vida espiritual : inquietação, busca e caminho / Paolo Scquizzato ; tradução de Silvana Cobucci Leite. – Petrópolis, RJ : Vozes, 2024.

Título original: La domanda e il viaggio
ISBN 978-85-326-6709-0

1. Cristianismo 2. Espiritualidade 3. Vida espiritual – Cristianismo I. Título.

24-198016 CDD-248.4

Índices para catálogo sistemático:
1. Vida espiritual : Cristianismo 248.4

Eliane de Freitas Leite – Bibliotecária – CRB-8/8415

**PAOLO SCQUIZZATO**

# A Vida Espiritual

INQUIETAÇÃO, BUSCA
E CAMINHO

Tradução de Silvana Cobucci Leite

EDITORA
VOZES

Petrópolis

© 2014 Effatà Editrice, Via Tre Denti, 1, 10060 Catalupa, Italy.

Tradução do original em italiano intitulado
*La Domanda e il Viaggio – A Proposito di Vita Spirituale*

Direitos de publicação em língua portuguesa – Brasil:
2024, Editora Vozes Ltda.
Rua Frei Luís, 100
25689-900 Petrópolis, RJ
www.vozes.com.br
Brasil

Todos os direitos reservados. Nenhuma parte desta obra poderá ser reproduzida ou transmitida por qualquer forma e/ou quaisquer meios (eletrônico ou mecânico, incluindo fotocópia e gravação) ou arquivada em qualquer sistema ou banco de dados sem permissão escrita da editora.

**CONSELHO EDITORIAL**

**Diretor**
Volney J. Berkenbrock

**Editores**
Aline dos Santos Carneiro
Edrian Josué Pasini
Marilac Loraine Oleniki
Welder Lancieri Marchini

**Conselheiros**
Elói Dionísio Piva
Francisco Morás
Gilberto Gonçalves Garcia
Ludovico Garmus
Teobaldo Heidemann

**Secretário executivo**
Leonardo A.R.T. dos Santos

**PRODUÇÃO EDITORIAL**

Aline L.R. de Barros
Marcelo Telles
Mirela de Oliveira
Natália França
Otaviano M. Cunha
Priscilla A.F. Alves
Rafael de Oliveira
Samuel Rezende
Vanessa Luz
Verônica M. Guedes

---

*Editoração*: Jéssica Vianna
*Diagramação*: Editora Vozes
*Revisão gráfica*: Nilton Braz da Rocha
*Capa*: Anna Ferreira

ISBN 978-85-326-6709-0 (Brasil)
ISBN 978-88-7402-876-4 (Itália)

Este livro foi composto e impresso pela Editora Vozes Ltda.

# Sumário

**A pergunta – Dentro da vida espiritual, 9**

Chamados a nascer duas vezes ........................ 9

Doentes de infinito .......................... 17

O coração do homem é grande demais ..................... 22

**A viagem – Um outro mundo ou um mundo outro?, 29**

Para qual destino? ........................... 29

Navegar espaços infinitos ............................. 34

O caminho é o amor ....................... 37

**O caminho – Responder ao chamado do amor, 41**

Buscar Aquele que já nos encontrou ........................... 41

Responder para construir ............................ 44

A meta é o caminho ....................... 47

**O canteiro – Construir a nós mesmos no amor, 53**

Responsáveis pelos irmãos ............................................ 53

Com o pensamento de Jesus ......................................... 57

Sob o signo da esperança .............................................. 62

**À escuta do Evangelho – Para uma espiritualidade da consciência, 69**

*A alma, que para o homem comum é o ápice
da espiritualidade, para o homem espiritual
é quase carne.*

Marina Tsvetáieva

# A pergunta
## Dentro da vida espiritual

### Chamados a nascer duas vezes

"Torna-te aquilo que és!": é o convite que o poeta grego Píndaro dirigiu a Hierão I, tirano de Siracusa.

"Torna-te aquilo que és!": é o imperativo que, desde que o ser humano existe, continua a ecoar no íntimo de nossa alma.

Tornar-se si mesmo significa trabalhar na construção de si mesmo, tornar-se perfeito na acepção originária do termo, ou seja, maduro, completo, realizado. Alcançar a própria verdade, como uma semente, chamada a se tornar o que deve se tornar: árvore, flor e fruto.

Imaginem que temos sementes diante de nós. Sobre uma mesa, com exceção de algumas diferenças, são todas iguais; mas, acima de tudo, não temos como saber o que elas poderiam se tornar. Aquelas sementes devem ser semeadas, conhecer a escuridão do solo e morrer para, depois de um longo caminho de crescimento, chegar à sua verdade, àquilo que nelas estava inscrito.

Se fossem conservadas, protegidas e polidas com todo o cuidado, elas continuariam a ser simples sementes. No interior de imponentes pirâmides do Egito, nas proximidades dos locais de sepultamento foram encontradas algumas sementes, que foram plantadas e, apesar de ter mais de três mil anos, frutificaram...

Nossa vida é assim: somos feitos como pura *potencialidade*; mas, enquanto não nos comprometemos no interior de um sulco, no âmago de uma existência, enquanto não entramos numa relação vital com o outro, talvez permaneçamos intocados e bonitos de se ver, como as sementes mencionadas acima, mas jamais atingiremos a realização, a plenitude de nós mesmos. É triste a vida que talvez chegue a uma velhice invejável, sem jamais descobrir quem e o quê poderia ter sido.

A vida não é uma questão de tempo e de espaços, mas de profundidade. A profundidade é uma lenta *tomada de consciência* do que somos, do papel que somos chamados a desempenhar na história, do lugar que somos chamados a ocupar.

Poderíamos viver até centenas de anos, sem jamais chegar à luz de nós mesmos, não nascer nunca! É preciso morrer no amor para descobrir o que somos; porque só o amor revela o ser.

Somos chamados a nascer duas vezes. Com a primeira viemos ao mundo, à existência, mas chegar a *viver* é outra coisa. Ter nascido ainda não é nada; é preciso *vir à luz* ou *renascer do alto*, para usar as palavras de Jesus de Nazaré (Jo 3,4).

É preciso aprender a morrer mil vezes numa vida para começar a nascer ao menos uma vez. Porque a morte não é o contrário da vida, mas do nascimento. E a vida só se dá através do nascimento e da morte.

> O objetivo da vida é o desenvolvimento de nós mesmos. A realização perfeita da nossa natureza: eis a razão da nossa existência. Hoje o ser humano tem medo de si mesmo. Esqueceu o mais elevado de todos os deveres, o dever que cada um de nós tem diante de si mesmo (Oscar Wilde. *O retrato de Dorian Gray*).

Eis uma primeira definição plausível de vida espiritual: *vida* – a vida concreta, de todos os dias – *voltada para a realização de si mesma*.

O ser humano realiza essa tarefa fundamental especialmente ao se fazer perguntas. Porque fazer perguntas nos leva a crescer, a amadurecer, tornando-nos conscientes do que somos e do que somos chamados a ser. As perguntas – diríamos *capitais*, no sentido de que são capazes de capitalizar o futuro, e das quais todas as outras podem surgir – foram bem resumidas por Teódoto por volta da metade do século II d.C.: *"Quem sou eu? De onde venho? Para onde vou? A quem pertenço? Do que posso ser salvo?"*

A criança cresce ao fazer perguntas: sobre todas as coisas, sobre todos. Ao questionar ela revela e desvela sua própria natureza, a de ser frágil e insuficiente para si mesma.

Perguntar é abrir-nos à possibilidade de uma resposta; é o espaço suficiente e necessário para ser alcançados de outro lugar. É reconhecer que não somos capazes de "ser" a resposta, de ser a realização, é abdicar de pensar em nós mesmos como detentores da realização de nossos corações, de nos considerar a fonte originária de sentido.

Quem não faz nenhuma pergunta não será um ser humano autônomo e sim um ser humano "fechado", que já evoca a morte.

Podemos dizer que o *homem interior* é aquele que olha tudo, que se interessa por tudo, que vive a vida com *consciência*, que sabe o que acontece ao seu redor, não por estar *informado* sobre o mundo, mas por ter condições de ler o que acontece no mundo *interpretando*, no sentido etimológico do termo, ou seja, *conhecendo o seu preço* [*i ˇnter* = entre; *pre ˇtium* = preço], o seu valor profundo.

Assim, todo o real se torna uma oportunidade para *construir* a si mesmo; por isso o homem espiritual não deixa escapar nada, mas presta atenção em tudo: cada coisa que acontece, cada palavra dita, cada pessoa que encontra, cada rosto que olha, cada sorriso concedido, cada pôr do sol contemplado. O homem espiritual está atento ao que acontece dentro de si mesmo e ao seu redor, e se recusa a se deixar viver como um mero espectador naquele imenso teatro que é a história.

Ele também está atento ao mal, à injustiça, à abjeção perpetrada sobretudo em detrimento dos mais fracos. Vê e se pergunta o porquê, mesmo que seja apenas com um grito dirigido a um céu considerado vazio, ou lançado contra os homens responsáveis por esvaziá-lo.

> Teremos de pedir explicações a Deus. Por que o mundo é tão bonito e tão cruel? Por que o Mal predomina sobre o Bem? (Eugène Ionesco. *Corriere della Sera*, 8 fev. 1991).

Vê e denuncia, porque o silêncio diante do mal sempre é sinônimo de conivência.

A simples *informação* não é suficiente. A notícia nos oprime porque falta o esforço da interpretação. A realidade tem sempre um aspecto de mistério, uma espécie de *mais-valor* que não pode ser entregue aos profissionais da informação ou se tornar um mero objeto de conversa entre mentes entediadas. Interpretar, relacionar-se com o mistério significa precisamente aprender a ouvir e servir o que reconhecemos dotado de um valor incalculável naquela realidade específica. O homem interior é o homem *inteligente*, ou seja, capaz de ler dentro da realidade sem ser apenas um espectador.

> Nosso olhar diante da vida muda se compreendemos que nela não importam apenas os eventos bonitos ou trágicos, importa a resposta que sabemos dar ao que acontece (Roberto Mancini. Sentire la speranza. *Avvenire*, 9 dez. 2008).

Tornamo-nos nós mesmos, ou seja, pessoas capazes de uma verdadeira espiritualidade, em função da resposta que damos aos eventos que acontecem e nos acontecem, se de alguma maneira nos tornamos *responsáveis* por eles, uma vez que nos pro-vocam, isto é, nos chamam para fora de nós mesmos, despertando-nos daquele torpor existencial que tem o gosto da insignificância.

E responderemos positivamente aos eventos quando fizermos a feliz descoberta de que em nós reside, além da capacidade do mal, também a luminosidade do bem, uma energia positiva, boa, capaz de transfigurar o presente: a liberdade, o desejo, a inteligência, a confiança, a esperança, a capacidade de querer e de fazer o bem.

Desse modo, *nossa vida se tornará uma contínua recriação*. Seremos re-criados ao colocar em jogo nossas potencialidades positivas, ao combater o mal com o bem, a mentira com a verdade, a desonestidade com a honestidade, ao nos surpreender com a existência do outro, e aprenderemos a lhe dizer: *"Porque você está aqui, eu sou"*. E então a vida que "acontece", a vida tão enfatizada pelas notícias, não mais nos dominará, não mais nos assustará, será apenas algo *penúltimo*. O último será a possibilidade do bem.

> Não é na profundidade que nos afogamos, mas na superficialidade (Luciano Manicardi).

O homem que vive a *vida espiritual* é aquele que não aceita morrer de *superficialidade*. Para não se questionar sobre a vida humana e para não responder ao imperativo da construção de si mesmo, o homem desde sempre preferiu acionar, para depois nele se perder, aquele mecanismo que Pascal denominou *divertissement*, o divertimento.

> A única coisa que nos consola das nossas misérias é o divertimento, e, contudo, ele é a maior das nossas misérias. Porque é principalmente ele que nos impede de pensar em nós mesmos e nos leva insensivelmente à perdição. Sem ele, ficaríamos entediados, e esse tédio nos levaria a buscar um meio mais sólido para sair dele. Mas o divertimento nos distrai e nos leva insensivelmente à morte (Blaise Pascal. *Pensamentos*, n. 171).

> Tirem deles [dos jovens] os divertimentos e os verão morrer de tédio; eles então sentem o seu nada sem conhecê-lo; pois é uma verdadeira infelicidade nos encontrarmos numa tristeza insuportável assim que somos reduzidos a meditar sobre nós mesmos sem nada para nos distrair (Blaise Pascal. *Pensamentos*, n. 164).

O oposto do *divertissement* é a *contemplação*. Ouçamos Alberto Moravia numa passagem de seu famoso ensaio de 1946, *O homem como fim*:

> Para recuperar uma ideia do homem e libertar-se da escravidão em que caiu, o homem deve ter consciência de sua humanidade e, para alcançar essa consciência, deve abandonar de uma vez por todas a ação em favor da contemplação. […] Esses milhões de homens tão embevecidos diante do mecanismo de um automóvel ou de um aspirador de pó ficam totalmente indiferentes diante da proporção moral mais sublime. Percebem o ruído de um motor que funciona com um cilindro a menos, mas são incapazes de notar a injustiça, a corrupção e a crueldade que enchem o mundo moderno. […] O poder interno do homem pode ser comparado ao de um rio que, contido por uma barragem, forma uma bacia artificial, dando origem assim a uma fonte de energia. Há séculos, essa barragem tem uma falha, a bacia está quase vazia, a energia é quase nula e todos os países ao redor estão na escuridão. É necessário elevar a barragem e permitir a subida do nível das águas. Em outras palavras, para reencontrar uma ideia do homem, ou seja, uma fonte de verdadeira energia, os homens precisam redescobrir o gosto pela contempla-

ção. A contemplação é a barragem que faz a água voltar a subir na bacia. Ela permite que os homens acumulem novamente a energia da qual a ação os privou. [...] Se é verdade que, no futuro, as máquinas permitirão que o homem dedique a maior parte do dia a si mesmo e não aos problemas da produção, se esse paraíso é possível, certamente veremos o abandono das distrações estúpidas que hoje preenchem os intervalos dos tempos do trabalhador moderno e um retorno maciço à contemplação, ou seja, à busca da sabedoria.

Temos, portanto, apenas duas possibilidades diante de nós: ou viver nossa própria *vocação*, respondendo assim à tarefa de nos tornarmos nós mesmos através da *sabedoria* ou da *contemplação*, ou viver "fora de casa", no sentido de *fora de nós mesmos*, distraídos, atordoados pela banalidade, pelas *diversões*. Desse modo, viveremos de maneira *delirante*, do latim *de* (fora) – *līra* (sulco): fora do sulco, fora da vida, *deslocado*, sem um lugar. Como uma semente que se recusa a entrar no solo, destinada a não dar frutos. Nunca.

### Doentes de infinito

A *vida espiritual* – ou a vida interior, se preferirmos – é perguntar até o fim qual o sentido último da aventura humana. O homem espiritual é um ser sedento de significado, é aquele que percebe a própria vida, de um lado, aberta para o infinito e, do outro lado, como uma lenta queda no abismo.

> Mas a nós não é dado
> descansar em lugar algum;
> a humanidade sofredora
> perece, transportada ao acaso
> pelo fluxo do tempo,
> como a água que cai cada vez mais,
> ano após ano,
> mergulhando no desconhecido
> (Friedrich Hölderlin).

O homem espiritual sente-se feito para o *todo* e, ao mesmo tempo, sente que tudo ainda é muito pouco. Ele percebe que as coisas pecam pela insuficiência.

> Natureza humana, ou como,
> se frágil em tudo e vil,
> se pó e sombra és,
> tão elevada te sentes?
>
> (Giacomo Leopardi. *Sobre o retrato de uma bela mulher*).

O homem espiritual é um ser situado numa saliência, num perpétuo equilíbrio precário, percebendo a angústia de sua enorme desigualdade: feito para *tudo*, sente-se constituído por *limites*; "*natureza humana*" que sabe que é "*pó e sombra*", mas, ao mesmo tempo, é capaz de se sentir "*tão elevada*".

Mais uma vez Leopardi, esse incurável doente de infinito, num de seus mais elevados *Pensamentos*, denuncia essa "doença de infinito". O homem tem diante de si o todo, a imensidão incalculável dos mundos, o universo infinito, mas sofre de incompletude, é obrigado a viver insatisfeito, como se o *todo* ainda fosse pouco. Necessidade de outra coisa, de um *todo* que o todo é incapaz de lhe garantir.

> O tédio é, de alguma forma, o mais sublime dos sentimentos humanos. Não que eu acredite que do exame desse sentimento surjam aquelas consequências analisadas por muitos filósofos, mas, ainda assim, o não poder ser satisfeito por algo terreno, nem, por assim dizer, por toda a Terra; considerar a imensidão incalculável do espaço, o número e a magnitude maravilhosa dos mundos, e descobrir que tudo é pouco e insignificante para a capacidade da própria alma; imaginar o número infinito dos mundos, e o universo infinito, e sentir que nossa alma e nosso desejo seriam ainda maiores que esse universo e sempre acusar as coisas de insuficiência e de nulidade, e sofrer a falta e o vazio; e assim o tédio me parece o maior sinal de grandeza e de nobreza que se vê na natureza humana. Por isso o tédio é pouco conhecido pelos homens de todos os tempos, e pouquíssimo ou nada conhecido pelos outros animais (Giacomo Leopardi. *Pensamentos*, LXVIII).

Para o poeta italiano, a vida espiritual é uma vida marcada pelo "*mais sublime dos sentimentos humanos*", o tédio (entendido obviamente de maneira muito diferente de Pascal), a percepção humana de que tudo é insuficiente: "*e sempre acusar as coisas de insuficiência e de nulidade, e sofrer a falta e o vazio*". Tenho tudo e, no entanto, sinto como se houvesse um vazio dentro de mim: quantos de nós, em nossa vida, poderiam concordar com essa sensação?

> A sensação de tédio nasce em mim da impressão de absurdidade de uma realidade insuficiente; além da incapacidade de sair de mim mesmo, trata-se da consciência de que eu talvez só consiga escapar graças a algum milagre (Alberto Moravia. *O tédio*).

Eis o homem capaz de viver uma *vida espiritual*: o ser que, percebendo-se feito para "outra coisa", deseja *escapar*, esperando que um milagre o coloque no centro da vida, ansiando por algo de que necessita como o ar para respirar; é aquele que "*sabe que há dois mundos, e que ele é feito para o outro*" (Cristina Campo).

> Uma beleza nova, uma nova dor, um novo bem dos quais logo nos saciamos, para melhor saborear o vinho de um novo mal, uma nova vida, um infinito de vidas novas, é disso que eu preciso, senhores: simplesmente disso e de mais nada. Ah, como preencher esse abismo da vida? O que fazer? Porque o desejo está sempre ali, mais forte, mais louco que nunca. É como um incêndio no mar, que lança sua chama na mais profunda escuridão do nada universal! É um desejo de abraçar as infinitas possibilidades (Oscar Milosz, *Miguel Mañara*).

No *Calígula* de Albert Camus, o grande e louco imperador romano, no diálogo com seu fiel Helicon, não satisfeito com seu imenso poder, grita:

> Mas eu não sou louco e nunca fui tão sensato como agora. Apenas, de repente, senti uma necessidade do impossível. As coisas como são não me parecem satisfatórias… Agora eu sei.

Este mundo, assim como é feito, não é suportável. Portanto, eu preciso da lua, ou da felicidade, ou da imortalidade, isto é, de algo que talvez seja insensato, mas que não seja deste mundo.

Porque o desejo reclama, o desejo tem exigências elevadas, *loucas*.

Mas o que é o *desejo*?

É difícil defini-lo, talvez porque ele tenha a ver com o vazio e a falta, e nós estamos sobrecarregados de coisas. No fundo, desejamos apenas o que não temos. E hoje temos mais coisas que desejos.

O desejo está relacionado à beleza, assim como o amor: é gratuidade pura. Não produz nada, porque nós não produzimos as coisas fundamentais da existência, apenas as recebemos, como o ar, o sol, a água e a pessoa amada. Assim, o desejo é capaz de nos dar tudo o que tem gosto de realização. Um outro, um relacionamento, a expectativa de ser amados.

Por isso, nossa vida conhecerá a felicidade, ou seja, a sua realização, quando, desejando ser alcançados por um sujeito amante, o acolhermos depois de nos transformar em receptáculos, vazios; quando nos sentirmos *precários*, descobrindo assim que podemos viver apenas de *oração*, isto é, simples desejo de ser alcançados por algo capaz de realizar uma vida. Pois, como dissemos, nós não fabricamos o que realmente importa, nós o acolhemos. Não podemos exigir, mas apenas esperar. Como um milagre.

A *vida espiritual* é a vida do homem para quem a realidade é sempre um símbolo de outra coisa, um lugar onde tudo remete ao além. Por esse motivo, é fundamental adquirir um olhar *simbólico* do homem e de toda a realidade; seria como "*tornar-se sensível ao invisível, e não se render ao fato de que a realidade é apenas o que vemos*" (Roberto Mancini). A realidade não é tudo. Por mais oculta que esteja, a verdade é muito mais do que o real.

> Sob o céu densamente azul
> algumas aves marinhas voam;
> nunca param; porque todas as imagens
>     trazem a inscrição:
> "mais além"
> (Eugenio Montale. *Maestrale* [Mistral]).

> Qualquer coisa que digas ou faças
> traz um grito em seu interior:
> não é por isso, não é por isso!
> (Clemente Rebora. *Sacchi a terra per gli occhi* [Vendas para os olhos]).

### O coração do homem é grande demais

O coração do homem tem um vazio em forma de Deus. E, para poder preenchê-lo, o homem se agita de manhã à noite. É o que chamamos *inquietação*, voltada para construir, erigir, imortalizar, mas que no final, cansada, não pode fazer nada além de contemplar os limites das próprias mãos. Na quarta parte da poesia *A piedade*, de 1928, Giuseppe Ungaretti escreve:

> O homem, monótono universo,
> acredita aumentar os seus bens
> e das suas mãos febris
> saem apenas limites sem fim.
> Preso no vazio
> em sua teia de aranha,
> não teme e não seduz
> senão o próprio grito.
> Repara o desgaste erguendo túmulos,
> e para pensar-te, Eterno,
> não tem senão blasfêmias.

Nosso coração não encontrará paz enquanto não repousar no infinito, a única coisa capaz de preencher o seu abismo interior. Enquanto buscarmos o finito, por maior e mais bonito que seja, sentiremos apenas frustração. Por isso, precisamos de uma brecha na realidade que nos ligue a algo grande, diferente e além. Algo imenso.

Consideremos o que aconteceu na arte na metade do século XX, na Itália, obra de um gênio chamado Lucio Fontana. Uma tela que por séculos e séculos tinha sido apenas uma tela, ou seja, uma barreira entre o aqui e o além, uma superfície para aplicar tinta e mover-se em duas dimensões: a altura e a largura. Em determinado momento, Fontana pegou uma lâmina e perfurou a tela, cortando-a e ligando o além com o aqui. O mistério com o conhecido. Acrescentou assim uma terceira dimensão: a profundidade.

> Como escultor, Fontana destrói a escultura: molda grandes esferas e as quebra; como pintor, destrói a pintura: espalha a cor na tela e depois a corta, com um ou vários cortes rápidos e nítidos como golpes de navalha. É um gesto; mas o gesto que quebra a esfera liga o espaço externo com o interno, o gesto que rasga a tela restabelece a continuidade entre o espaço de cá e o espaço de lá do plano. Com esses gestos deliberados, irrevogáveis, Fontana destruiu a ficção espacial própria da escultura e a ficção espacial própria da pintura. E destruir uma ficção significa recuperar uma verdade (Giulio Carlo Argan; Bruno Contardi. *L'arte italiana*).

A vida espiritual é a existência de um homem voltado para o diferente, para o além. Um homem *transgressivo*, porque há também uma transgressão divina, aquela que faz *passar-além*, como diz a própria etimologia, que "*faz do limite o lugar de contato e de comunhão com o outro*" (Silvano Fausti), e com o *além*.

A vida espiritual é a vida de um homem que fez do seu viver uma espera.

O homem vive na medida em que está "*voltado para*": esse é o significado de *espera*. É apenas essa tensão para o externo, para um além, que o define, que o realiza. Como se alguém – quem sabe quem e quem sabe quando? – já lhe tivesse prometido alguma coisa.

> Alguém já nos prometeu algo? Então, por que esperamos? (Cesare Pavese. *Il mestiere di vivere* [O ofício de viver]).

E ainda:
> Encerrado entre coisas mortais
> (até o céu estrelado acabará)
> por que anseio por Deus?
> (Giuseppe Ungaretti. *Dannazione* [Condenação]).

> Nestas salas escuras, onde passo
> dias sufocantes, tateio
> em busca de janelas. – Que uma se abrisse,
> seria o meu consolo –. Mas não há janelas
> ou talvez eu não saiba encontrá-las.
> Melhor assim, talvez. Pode ser
> que a luz me traga outro tormento.
> E quem sabe quantas coisas novas ela nos revelaria?
> (Konstantinos Kavafis. *As janelas*).

O homem espiritual é aquele que sente a necessidade de abrir janelas em sua própria vida para não sufocar. Uma casa sem janelas é um pesadelo. Mas podemos até acreditar que é melhor a escuridão de um quarto fechado e cego que a luz proveniente de uma janela, porque ela poderia trazer uma resposta desconfortável – ou uma revelação – à própria existência transformada em pergunta.

A esta altura, a questão é: a quem fazer as perguntas fundamentais sobre a existência?

> Não nos peças a palavra que examine de todos os lados
> nossa alma informe, e com letras de fogo
> a aclare e resplandeça como o açafrão
> perdido em meio a um poeirento prado.

> Ah, o homem que parte seguro,
> amigo dos outros e de si mesmo,
> e sua sombra só se preocupa com o calor
> que pressiona contra um muro desmoronado!
> Não nos peças a fórmula que possa abrir-
> -te mundos,
> mas apenas algumas sílabas tortas e secas
> como um ramo.
> Hoje podemos dizer-te apenas
> o que não somos, o que não queremos
>
> (Eugenio Montale. *Non chiederci la parola*
> [Não nos peças a palavra]).

O poeta genovês não tem respostas, não possui fórmulas capazes de oferecer horizontes de sentido.

No máximo pode dizer *o que não se é*.

As perguntas fundamentais da existência, resumidas acima por Teódoto, precisamente em virtude de sua profundidade, exigem uma resposta total. Quanto mais tentamos responder à necessidade de significado, mais percebemos que não estamos à altura disso: a consciência da desproporção em relação à resposta total que as perguntas exigem nos acompanha em nosso caminho de busca do *sentido* último da vida.

Se somos sinceros em nossa busca, admitimos que a resposta para as perguntas fundamentais sempre está além do limite que podemos alcançar com a força da razão. A resposta reside num Mistério insondável em direção ao qual nos inclinamos, mas que não conseguimos agarrar.

> Cada um confusamente um bem apreende
> no qual aquieta sua alma, e anseia;
> por isso, cada um luta para alcançá-lo
>
> (Dante. *Purgatório*, XVII, 127-129).

Essa dinâmica existencial tem um quê de tristeza, expressando-se como o desejo de um bem que permanece inatingível. Tristeza como "desejo de um bem ausente", dizia Santo Tomás.

# A viagem
## Um outro mundo ou um mundo outro?

**Para qual destino?**

Como dissemos, o homem é aquele que – enquanto *tendendo para* – espera a ocorrência de um cumprimento. É evidente que, se é constituído por uma *tensão para*, a viagem é a melhor metáfora para definir a vida.

Mas essa é uma experiência comum, e portanto pessoal, em que a espera pode se transformar numa estagnação com gosto de morte. Nessa espera desprovida de qualquer tipo de experiência, satisfeita no máximo com pequenos experimentos, faltam dois verbos próprios de toda aventura humana: *abandonar* e *partir*. *Abandonar*, na medida em que a pobreza é a condição fundamental do viajante para poder receber o necessário ao longo do caminho. *Partir*, porque zarpar do porto de nossas seguranças, de nossas *zonas de conforto*, é a condição única para navegar rumo à realização e finalmente nos tornar adultos.

Uma vida que não "zarpa" não é uma vida; no máximo, é uma *comédia*, como a de figuras teatrais imóveis no palco, declamando *palavras* sem sentido, tentando apenas preencher seu vazio interior, esperando que alguém, quem sabe, as alcance.

A esse respeito, nada supera *Esperando Godot*, de Samuel Beckett, em que se representa genialmente a vida do homem do século XX, uma época em que tudo o que parecia ter que durar para sempre acaba revelando-se efêmero e fragmentado, deixando no chão apenas um monte de cinzas das quais não se pode esperar o ressurgimento de nada.

Vladimir e Estragon, os dois protagonistas da peça, relacionam-se num diálogo destinado a jamais levar à ação, interrompido por pequenas cenas individuais que têm o caráter de "números" de comédia. No final, tudo se resolve numa "conversa vazia", uma sucessão de frases feitas pronunciadas apenas para enganar a espera. Os dois personagens esperam e preenchem o vazio da espera – e, portanto, da vida – com uma conversa que precisa encontrar continuamente um motivo, um pretexto, para continuar, e que continuamente se esgota para propor o problema central: esperar o fatídico *Godot*. A espera por alguém – ou por alguma coisa – que no final não virá. Para Beckett, é nessa espera vazia que se resume o significado da existência.

Sim, porque "a vida é a espera de algo que jamais vem" (William Butler Yeats).

> O tanoeiro deve entender de tonéis.
> Mas eu também conhecia a vida,
> e vocês que vagueiam por estas sepulturas,
> pensam que conhecem a vida.
> Pensam que seus olhos abarcam um vasto horizonte, talvez,
> mas na verdade veem apenas o interior do barril.
> Não conseguem se erguer até a borda
> e ver o mundo de coisas além,
> e ao mesmo tempo ver vocês mesmos.
> Estão apenas submersos no barril de vocês mesmos –
> tabus e regras e aparências
> são as tábuas do barril.
> Quebrem-nas e rompam o feitiço
> de acreditar que o barril é a vida,
> e que vocês conhecem a vida!
> (Edgar Lee Master. *Griffy O Tanoeiro*).

O homem espiritual precisa, portanto, empreender uma viagem que o leve a conhecer, a experimentar que existe algo, fora de seu pequeno mundo, capaz de preencher seu coração.

O oposto da vida espiritual é uma *vida bidimensional*, para retomar uma imagem de Herbert Marcuse. Como a antivida de um homem que pensa que a escuridão em que vive é a normalidade, que o ar viciado em que está imerso é o único possível para respirar, que o barril em que está mergulhado é o seu universo.

É preciso quebrar, romper as tábuas que constituem o nosso pequeno mundo asfixiante, e intuir que há um *mundo* outro, que existe um ponto *único* para o qual se dirigir: esta é a bela etimologia do termo *universo*.

E assim, finalmente, empreender a viagem.

Sim, uma viagem. Mas para onde, para qual destino?

> Esta vida é um hospital onde cada doente é atormentado pelo desejo de mudar de leito. Um quer sofrer em frente a um aparelho de calefação, enquanto outro pensa que ficaria curado perto da janela. Acho que estaria sempre bem onde não estou, e sem cessar discuto com a minha alma o problema de me mudar. […] "Talvez a Batávia te agrade mais? Afinal, lá encontraríamos o espírito da Europa unido à beleza tropical." Nenhuma palavra. Será que a minha alma está morta? "Ou você chegou àquele extremo de entorpecimento que se compraz apenas com seu próprio mal? Se for assim, fujamos para os países que são a analogia da Morte. Tenho o necessário, pobre alma! Façamos as malas para Tornéo. Vamos ainda mais longe, no extremo limite do Báltico; ainda mais longe da vida, se for possível: vamos nos instalar no Polo. Ali o sol roça obliquamente a terra, e as lentes alternativas da luminosidade e da noite suprimem a variedade e aumentam a monotonia, esta metade do nada. Ali poderemos tomar longos banhos de trevas e, para nos divertir, as auroras boreais nos enviarão, de tempos em tempos, seus lampejos rosados, como reflexos de fogos de artifício do Infer-

no!" Enfim minha alma explodiu e sabiamente gritou para mim: "Não importa onde! Não importa onde! Desde que seja fora deste mundo!" (Charles Baudelaire. *O spleen de Paris*).

Não importa onde. O importante é zarpar: rumo a outro mundo.

Ou a um mundo outro?

Para realizar a viagem da existência é importante saber que fomos feitos para ir além.

Assumindo todos os riscos do acaso, porque uma vida consumida na lenta deterioração do "porto" cotidiano, sem nunca zarpar por medo, é uma vida derrotada.

> Muitas vezes examinei
> a lápide esculpida para mim:
> um barco com velas recolhidas, num porto.
> Na realidade, não é este o meu destino,
> mas a minha vida.
> Porque o amor se ofereceu a mim e eu recuei
>   de seu engano;
> a dor bateu à minha porta, e eu tive medo;
> a ambição me chamou, mas eu temi os
>   imprevistos.
> Apesar de tudo, eu tinha fome de um
>   significado na vida.
> E agora sei que é preciso levantar as velas
> e tomar os ventos do destino,
> para onde quer que eles levem o barco.
> Dar um sentido à vida pode levar à loucura
> mas uma vida sem sentido é a tortura
> da inquietude e do inútil desejo –
> é um barco que deseja o mar, e no entanto o teme
> (Edgar Lee Master. *George Gray*).

### Navegar espaços infinitos

Mas se a vida assume um sentido porque está pronta a zarpar e se construir numa viagem que a levará à realização do coração, se a vida finalmente começa a se tornar *espiritual*, então a questão que surge é encontrar alguém capaz de indicar a meta, o destino.

Pobre é o navio que zarpa sem instrumentação a bordo. Conhecerá a mesma condição daquele que nunca partiu, apodrecendo no porto. Tudo se tornará aleatório, rota marcada pelo grito lancinante da improvável sirene.

A pergunta fundamental é: existe uma meta, um destino a ser buscado?

No conto *O caçador Graco*, Franz Kafka faz do protagonista o símbolo emblemático do homem moderno. O barco que deveria levá-lo para o além "tomou o rumo errado", arrastando-o inexplicavelmente por águas terrenas e transformando sua viagem numa errância sem sentido:

> Um movimento falso do timão – diz o caçador –, um instante de desatenção do capitão do barco, um desvio através da minha maravilhosa pátria, não sei o que aconteceu, sei apenas que fiquei na terra e que desde então o meu barco navega em águas terrenas. Assim, eu, que queria viver apenas nas montanhas da terra, depois de minha morte viajo por todas as suas regiões.

Quando o prefeito da cidade de Riva lhe pergunta se ele tem algo a ver com o além, a resposta é:

> Estou sempre na grande escada que leva a ele [...]. Percorro essa larga escadaria, ora para cima, ora para baixo, ora à direita, ora à esquerda, sempre em movimento. O caçador se transformou numa borboleta. [...] Estou sempre em movimento. Mas quando tomo o maior impulso e a porta lá em cima já se ilumina, acordo no meu velho barco, tristemente encalhado em sabe-se lá quais águas terrenas [...]. Por uma janelinha na parede lateral entra o ar quente da noite do sul e sinto a água batendo contra o velho barco.

A desgraça de Graco não é o fim da viagem, mas a condenação a vagar com seu barco por águas terrenas, sem jamais poder chegar ao seu destino, sem jamais poder morrer completamente.

Para o escritor tcheco, Graco é, portanto, a imagem do homem de sempre, destinado a uma vida que é um insignificante vagar, porque privado de um destino a chegar.

Muitas estradas, mas nenhum caminho.

O que se nota hoje é o fato de que tudo parece inscrito em espaços muito limitados. Trata-se de navegações de pequena cabotagem. Navegamos à vista, de prazer em prazer, tendo perdido o sabor da felicidade.

Viajamos de um programa de culinária a outro, como se a realização do ser – que é uma questão do coração – residisse no mero gosto.

A *felicidade* é identificada com o *prazer*. Transformamos o órgão destinado à felicidade, o coração, que funciona por meio da contemplação, em órgão de consumo, mastigação, desfrute e destruição.

> O barco agora está nas mãos do cozinheiro de bordo
> e as palavras que o alto-falante do comandante transmite
> já não dizem respeito à rota
> mas ao que se comerá amanhã
>
> (Søren Kierkegaard. *Estágios no caminho da vida*).

Não se trata de dizer não se faz assim, não é bom assim... Acabou a época dos moralismos estéreis. Trata-se de reconduzir os homens, ou seja, cada um de nós, à sua verdadeira natureza, lembrar-lhes do quê e para quê são feitos. Viemos ao mundo para realizar navegações imensas, em espaços infinitos; o fato é que nos esquecemos disso.

> Se quer construir um barco, não se preocupe tanto em reunir homens para recolher lenha, preparar as ferramentas, atribuir tarefas e distribuir trabalhos. Preocupe-se antes em despertar neles a saudade do mar e da sua imensa grandeza (Antoine de Saint-Exupéry. *Cidadela*).

> Eu me vejo como um homem que se chocou contra muitos escolhos, conseguiu a duras penas se safar do naufrágio passando por uma área de recifes, mas ainda conserva a ousadia de se lançar ao mar com o mesmo barco destroçado, mantendo intacta a ambição de tentar dar a volta ao mundo, não obstante todas essas desastrosas circunstâncias (David Hume. *Tratado sobre a natureza humana*).

Mas, cuidado! A viagem mais difícil, aquela que leva a espaços infinitos, no fim é a que vai para dentro, para a interioridade, porque – como dissemos acima – o coração humano é um espaço infinito. Por isso o homem espiritual será aquele que desce para si mesmo, aquele que realiza a viagem na própria profundidade.

### O caminho é o amor

Cada um de nós tem a clara consciência de ser *passageiro* neste mundo, ou seja, de ser feito para ultrapassar sua própria vida, e não tanto em direção a um "além", mas em direção a uma *profundidade* de sentido. Para usar as palavras de Emile Rousseau: "*O homem se diferencia dos outros animais não tanto por sua perfeição, mas por sua perfectibilidade*".

Portanto, o que torna o homem grandioso não é ser o primeiro na escala dos *primatas*, mas admirar-se do seu estar *em construção*, de ser uma *tarefa a realizar*, e sobretudo sentir que essa construção jamais terá fim.

O homem – diz Pascal – está sempre além do homem.

Eis o que torna o homem um "ser espiritual": essa sua contínua capacidade de *"transumanar"*, um esplêndido neologismo inventado há mil e setecentos anos pelo *supremo poeta*, Dante.

Estamos no verso 70 do primeiro canto do *Paraíso*. Dante, tendo deixado Virgílio, está aos cuidados de Beatriz, em cujos olhos vê refletida a própria luz de Deus. É aqui que Dante percebe que, para ter a vida salva, realizada, é necessário *transumanar*. Poderíamos traduzi-lo por: *ir além do humano*.

Mas como *transumanar*? Como *ir além de si mesmo*? Como realizar o *trans* da própria humanidade? Responder a essa pergunta, em suma, é responder ao problema do homem. Será a ciência, o prazer hedonista, o *divertissement*, uma religião feita de morais e prescrições, ou antes a abertura para o *Transcendente*, o voltar do próprio rosto para o Rosto de uma Presença que vem do além para nos realizar como *transumanos*?

> Nossa modernidade chegou a este ponto extremo porque agora temos a possibilidade de realizar o *transumanismo* na sua acepção tecnológica e podemos considerar os homens que nós somos como seres arcaicos e obsoletos, remendados com pouca habilidade. Mas este ponto extremo também constitui uma graça. Ele nos permite apreender melhor o que constitui a

nossa humanidade: não um desenvolvimento horizontal da nossa potência, mas uma elevação vertical da nossa palavra (Fabrice Hadjadj. *L'homme passe infiniment l'homme* [O homem vai infinitamente além de si mesmo]).

É essa a pessoa espiritual. É aquele e aquela que se supera, e se supera infinitamente. Que se constrói para o além, que não se contenta com "menus horizontais", por mais luxuriantes que sejam.

O homem espiritual é o homem que alcançou a consciência de ter de se tornar *perfeito*: aquilo que deveria se tornar, como dissemos no início deste livro.

Na história houve um homem chamado Jesus de Nazaré que propôs uma maneira de alcançar essa *perfeição ontológica*, que é a mesma de Deus: o caminho do amor. É só no amor que nos tornamos maduros, plenamente nós mesmos.

Por isso, o homem espiritual é o homem que ama o outro. O tu é a abertura para o infinito do eu. O tu é a janela sem a qual a minha pequena moradia não passa de um lugar de pesadelo. O outro é o horizonte em direção ao qual o meu navio pode navegar, o mar em que posso naufragar, e ali perder-me como única possibilidade de me reencontrar.

# O caminho
## Responder ao chamado do amor

**Buscar Aquele que já nos encontrou**

Até aqui aprofundamos o que se entende por vida espiritual, ou vida interior: uma forma de existência possível para todos, desde que seja buscada, cultivada e amada.

Mas existe propriamente uma *vida espiritual cristã*?

Para São Paulo sim, e ele a define como uma "*vida nova*". É a vida própria das pessoas que "se deixam guiar pelo Espírito" (Gl 5,18): a *vida espiritual cristã* é, portanto, uma *nova maneira de existência*, tornada possível pelo Espírito Santo que a faz ser, a inspira e a sustenta.

> Se, portanto, ressuscitastes com Cristo, buscai as coisas lá do alto, onde Cristo está sentado à direita de Deus. Afeiçoai-vos às coisas lá de cima, e não às da terra. Porque estais mortos e a vossa vida está escondida com Cristo em Deus (Cl 3,1-3).

> Pelo batismo, portanto, fomos sepultados para que, como Cristo ressurgiu dos mortos pela glória do Pai, assim nós também vivamos uma vida nova (Rm 6,4).

A vida espiritual é a possibilidade de viver de maneira *supérflua*, no sentido etimológico do termo – ou seja, não fechados, bloqueados entre "coisas mortais" (Giuseppe Ungaretti)–, mas capazes de nos dedicar às coisas que fluem sobre a necessidade da existência.

Cuidado, porém: *buscar as coisas lá do alto* (Cl 3,1) não significa viver de forma desencarnada, viver apenas nas alturas, mas, ao contrário, ampliar tanto o nosso olhar para ir além da mera necessidade das coisas a ponto de sermos finalmente capazes de respirar plenamente o *infinito* para o qual somos feitos:

> Ah, general! No mundo existe apenas um problema, um único problema: devolver aos homens um significado espiritual, inquietações espirituais. Fazer chover sobre eles algo que se assemelhe a um canto gregoriano […]. Não podemos viver de geladeiras, de política, de balanços e de palavras cruzadas, acredite em mim. Não podemos mais… Só existe um problema, um único problema: descobrir que existe uma vida do espírito que transcende a inteligência, a única capaz de satisfazer o homem (Antoine de Saint-Exupéry. *Lettre au Général Chambe*).

> Quase toda a nossa vida é gasta em curiosidades tolas. Em contrapartida, há coisas que deveriam despertar o mais alto grau da curiosidade dos homens e que, a julgar pelo curso ordinário de sua vida, não lhes inspiram ne-

nhuma. Onde estão os nossos amigos mortos? Por que estamos aqui? Viemos de algum lugar? O que é a liberdade? A liberdade pode se conciliar com a lei providencial? (Charles Baudelaire. *Diários íntimos*).

O ser humano é *capax Dei*, e por isso é também "buscador de Deus", mas é ainda mais verdadeiro que não poderíamos buscar outra coisa senão o que já conhecemos, ou seja, aquilo que de alguma forma já alcançamos e possuímos. Retomando o Agostinho das *Confissões*, Blaise Pascal afirma: *"Jamais poderias me buscar se já não me tivesses encontrado, e tendo-me encontrado ainda me buscas"*, e isso significa que posso buscar Deus porque Ele já me encontrou; de fato, *"Ele nos amou primeiro"* (1Jo 4,19). Se não fosse assim, estaríamos como aqueles que tateiam no escuro:

> Para eles estabeleceu a ordem dos tempos e os limites da sua habitação para que procurem a Deus e se esforcem por encontrá-lo tateando aqui e ali como cegos, pois na verdade Ele não está longe de cada um de nós. De fato, nele vivemos, nos movemos e existimos, como disseram até alguns dos vossos poetas: "Nós também somos de sua estirpe" (At 17,26-28).

Isso faz lembrar uma frase muito bonita do *Diário* de Julien Green, em que o escritor pergunta a Deus onde Ele havia se escondido por tanto tempo, e Deus responde:

> Você quer saber onde eu estava. Estava em seu coração e em sua mente. Eu me escondia no

ar dos seus pulmões. Estava no incansável rio de sangue que faço circular em suas veias. Sou a alma de sua alma (Julien Green. *Ce qui reste du jour [1966-1972]* [O que sobra do dia, 1966-1972]).

### Responder para construir

De tudo o que foi dito se depreende que a *vida espiritual cristã* será, antes de tudo, uma *relação* com um Tu, uma vida que visa à aliança como encontro de alteridade com o Deus totalmente Outro. Uma existência, uma história que ganha vida relacionando-se com um Deus que está e permanecerá sempre além daquilo que cada um de nós possa pensar dele, sempre além de qualquer imagem ou consideração que possamos fazer dele. No fundo, isto é a fé: *abandono nas mãos* de um Outro reconhecido na sua total objetividade. Deus não é a minha ideia de Deus.

> Mas como é difícil deixar que Deus seja totalmente Deus e Senhor também na minha vida!
> Tu não és aquilo que acreditamos:
> juntos, Tu e nós, infelizes;
> Tu te esvais na futilidade dos ritos
> em que a idolatria sufraga o Mito
> e a presunção do Poder preenche sua ausência.
> Dizemos: "É a sua vontade", tudo o que
> é a quintessência oculta do mesmo Poder
> que se proclama divino.
> Então, multidões iludidas rasgam os céus
> invocando um Deus que não existe
>
> (David Maria Turoldo. *Salmodia prima* [Primeira salmodia]).

Encontramos muita voracidade religiosa na vida espiritual, talvez mais hoje do que no passado. Há muito mais busca pela religião do que pela vida de fé; queremos sempre um Deus acessível, disponível, ao alcance da mão. *"Não farás para ti imagem de escultura, nem alguma semelhança do que há em cima nos céus, nem embaixo na terra, nem nas águas debaixo da terra"* (Ex 20,4). Quando nosso Deus deixar de ser o *Deus totalmente outro*, o absoluto – ou seja, etimologicamente *"livre de"* qualquer imagem e compreensão prévia de minha parte, – então será simplesmente um ídolo.

Quando rezamos, não o fazemos para que Ele nos responda, mas para que possamos prestar atenção nele, colocar-nos à escuta dele, que é a Palavra e que deseja nos alcançar.

Entendida desse modo, a vida espiritual é apenas uma *resposta* ao Deus que nos chamou para a vida numa relação com Ele. Por isso, podemos definir a vida espiritual como uma *vida nova* (Rm 6,4) *nascida da resposta ao Deus que nos chama para segui-lo*. Isso não é senão *vocação*: resposta/adesão (ato de fé/abandono) ao Deus que nos chamou. Aliás, podemos ousar dizer que é *pro-vocação*: vida nascida, suscitada por um chamado que nos tirou de nós mesmos, que nos provocou.

Assim, a vida espiritual será necessariamente uma história, um caminho às vezes longo e árduo, que vai de termos sido gerados *pela graça* como novas criaturas até nos tornar filhos no Filho através de um seguimento histórico, ou seja, no *quid ed ora* do nosso cotidiano.

E esse caminho, na verdade, é uma pura tensão para o *infinito*.

> Caríssimos, agora somos filhos de Deus, mas ainda não foi revelado o que havemos de ser. No entanto, sabemos que, quando Ele se manifestar, seremos semelhantes a Ele, porque assim como é o veremos (1Jo 3,2).

Assim, a vida espiritual é uma laboriosa e feliz *construção* de nós mesmos, o cumprimento do nosso verdadeiro nome, e portanto o tornarmo-nos plenamente nós mesmos. É viver nossa vida como *tarefa a ser realizada, construção do eu, tornarmo-nos plenamente o que já somos em potência*. De casulo a borboleta.

> De certo modo, somos pais de nós mesmos quando, por meio das boas disposições de espírito e do livre-arbítrio, formamos, geramos, damos à luz a nós mesmos. Realizamos isso quando acolhemos Deus em nós mesmos e nos tornamos filhos do Altíssimo. Ao contrário, permanecemos imperfeitos e imaturos enquanto não se formou em nós, como diz o Apóstolo, "a imagem de Cristo". Contudo, é necessário que o homem de Deus seja íntegro e perfeito. Esse é o nosso verdadeiro nascimento (São Gregório de Nissa. *Homilias sobre o Eclesiastes*).

A *conditio sine qua non* para que tudo isso possa acontecer será, de um lado, viver o princípio do amor até o fim, a morte do eu: "*Se o grão de trigo, caindo na terra, não morrer, permanece só*" (Jo 12,24); de outro lado, a necessidade do envolvimento humano (obra), mas apenas como *colaboração*, resposta à única ação fundante que é a do Espírito de Deus, que é graça!

A vida cristã ou, se quisermos, *espiritual*, é sempre resposta a um momento anterior que vem de outro lugar. É adesão, aceitação, abertura para o acontecimento da graça: essa atitude se chama *fé*.

## A meta é o caminho

Às vezes, ao aludir ao caminho da vida espiritual, falou-se de tender para o alto, de subir uma escada; outras vezes, na verdade mais raramente, de descida ou de travessia de desertos repletos de dificuldades, que desencorajam e convidam a retroceder. Heráclito disse com inteligência lapidar: "*A escada que desce e a que sobe são sempre a mesma*" (fragmento 60 [DK]). O homem sente em seu coração um convite, uma voz secreta que o chama a deixar o que está vivendo para tomar um caminho: há uma nova estrada a percorrer!

> "*Lekh lekha! Vá para você mesmo!*" (Gn 12,1), é a voz ouvida por Abraão ao iniciar sua jornada de crente: a viagem geográfica que o levaria de Ur dos Caldeus até a Terra Prometida se realizou antes de tudo na sua vida interior, com uma descida nas profundezas do seu co-

ração. Nesse sentido, é significativo que os padres orientais, em especial Gregório de Nissa, interpretem o caminho da vida interior, simbolizado na experiência de Abraão, como um *ékstasis*, uma saída de si mesmo (Enzo Bianchi. *Quale spiritualità per l'uomo contemporâneo?* [Qual espiritualidade para o homem contemporâneo?]).

No entanto, não devemos ter ilusões: a jornada, o caminho, nunca está garantido, nem se apresenta como um avanço direto em direção à meta; não é "*uma ascensão inexorável*" (Sl 49,19); ao contrário, é um caminho habitado por muitas contradições, em que são possíveis avanços inesperados, mas também retrocessos impensáveis, como também se verifica na experiência da vida psicológica e afetiva... É um caminho humano, marcado pelos pontos fortes e pelas fraquezas que caracterizam cada pessoa, chamada à liberdade, mas tentada a permanecer escrava dos ídolos falsos que no fundo são sempre – não nos esqueçamos disso – "*um erro antropológico*" (Adolphe Gesché), uma contradição no caminho de humanização que é tarefa de cada um de nós.

> Aos jovens que o procuravam pela primeira vez, o Rabi Bunam costumava contar a história do Rabi Eisik, filho de Jekel, da Cracóvia. Depois de anos e anos de dura miséria, que não tinham abalado a sua confiança em Deus, ele recebeu em sonho a ordem de ir a Praga

para buscar um tesouro debaixo da ponte que conduzia ao palácio real. Quando o sonho se repetiu pela terceira vez, Eisik pôs-se a caminho e chegou a Praga a pé. Contudo, a ponte era vigiada dia e noite por sentinelas e ele não teve coragem de cavar no local indicado. Ainda assim, ele voltava à ponte todas as manhãs, circulando por lá até o anoitecer. Por fim, o capitão dos guardas, que tinha reparado em suas idas e vindas, perguntou-lhe amigavelmente se tinha perdido alguma coisa ou se estava à espera de alguém. Eisik contou-lhe o sonho que o trouxera de seu país distante. O capitão desatou a rir: "E você, pobre coitado, veio até aqui a pé por causa de um sonho? Ha, ha, ha! Está bem-arranjado confiando nos sonhos! Então eu também deveria seguir um sonho e ir até Cracóvia, à casa de um judeu, um tal Eisik, filho de Jekel, e procurar um tesouro debaixo de sua lareira! Eisik, filho de Jekel, está falando sério? Já me imagino entrando e vasculhando todas as casas de uma cidade onde metade dos judeus se chama Eisik e a outra metade Jekel!" E riu novamente. Eisik despediu-se dele, voltou para sua casa e desenterrou o tesouro com o qual construiu a sinagoga chamada "Escola de rabi Eisik, filho de Jekel" (Martin Buber. *O caminho do homem*).

Viajo, portanto, para voltar a mim mesmo, para ir ao cerne das coisas e compreendê-las de dentro para fora.

Nada de idealismo: a vida espiritual não é um *caminho de perfeição* entendido em sentido moralista. É como seguir a rosca de um parafuso: através de um constante avançar e retroceder, um cair e voltar a se levantar, experimentando um Amor fiel, que sustenta e guia. Subimos – ou melhor, descemos – para o centro de nosso ser. Nesse contínuo movimento de ida e volta, de cair e se levantar, nos descobriremos – surpresos – cada vez mais maduros, perfeitos, conformes a Cristo.

A questão não é atingir uma meta ideal, mas, durante o caminho, ter a experiência da graça, do amor que vem nos recuperar, da amizade profunda com Cristo que, sendo *o que vem*, vem ao nosso encontro doando-nos a vida. Afinal, Jesus não disse: "*Eu sou a meta*", mas sim: "*Eu sou o caminho*" (Jo 14,6). Não devemos conquistar algo, mas experimentar ser conquistados pelo amor que veio nos procurar, aqui em nosso lento avançar.

Tornamo-nos nós mesmos no caminho da graça; a salvação se realiza no percurso.

*A meta é o caminho.*

> Na vida cristã, avançamos de começo em começo através de começos que nunca têm fim (Gregório de Nissa. *Vida de Moisés*).

Assim, a vida espiritual será um constante ceder à graça que nos atrai e nos salva e um constante levantar-se do limite vivido.

> Perguntaram a um monge idoso: "*Abba*, o que vocês fazem aqui no deserto?" O *Abba* respondeu: "Caímos e nos levantamos, caímos novamente e nos levantamos novamente, caímos mais uma vez e nos levantamos mais uma vez" (*Ditos dos Padres do Deserto*).

O cristão, o homem espiritual, não é aquele que tenta *fazer* a vontade de Deus, observar a lei, tornar-se perfeito aos olhos do seu Deus, mas é aquele que reconhece a graça operante, a obra de Deus nele, que se admira por ter sido buscado, alcançado e abraçado. Esta é a santidade!

> Examinai-vos a vós mesmos, se permaneceis na fé; provai-vos a vós mesmos. Ou não reconheceis que Jesus Cristo habita em vós? A menos que a prova seja contra vós! (2Cor 13,5).

# O canteiro
## Construir a nós mesmos no amor

### Responsáveis pelos irmãos

Dissemos anteriormente que o primeiro momento da *vida espiritual* consiste em se fazer alcançar de fora, e esse é um momento *gracioso*, ou seja, que acontece por graça – gratuitamente – e não por mérito. Por isso a vida se torna vocação, uma resposta a esse chamado através da construção do eu. Mas isso não é tudo, na verdade. Esse momento, que podemos chamar de fundamental, invoca imediatamente outro: como respondemos ao Deus que se dirige a nós? Tornando-nos *responsáveis*. Mas responsáveis por quem? Pelos irmãos. Compreendemos, portanto, que a vida espiritual não é abandonar a terra, mas amar a terra amando os seres humanos que a habitam: sujar as mãos na história dos relacionamentos, tornando-nos assim cada vez mais *nós mesmos*. É o amor, que é dom do Espírito que nos alcançou, *que forma Cristo em nós* (Gl 4,19) e, assim, nos identifica com o próprio Cristo:

uma vez alcançados por Cristo, que é o amor do Pai, tornamo-nos Amor e, portanto, habilitados ao amor (2Cor 5,13). Isso significa que o nosso *ser* é crístico, embebido pelo Amor que nos alcançou; este é o nosso novo *ser* que nos constrói como criaturas novas.

O Evangelho é uma constante lembrança do movimento que se instaura entre o dom recebido e a subsequente resposta no cristão. Contudo, ele também enfatiza com força o tipo de resposta do homem movido pelo amor que o envolve; ela se chama *responsabilidade*. Respondemos a Deus, que nos amou e nos uniu a si, tornando-nos *responsáveis* pelos irmãos que estão ao nosso lado.

Nas cartas de São João é curioso constatar o seguinte:

> Caríssimos, se Deus nos amou assim, também nós devemos amar-nos uns aos outros (1Jo 4,11).
>
> Conhecemos o amor nisto: que Ele deu a sua vida por nós; portanto, também nós devemos dar a vida pelos irmãos (1Jo 3,16).

Não está escrito: "Se Deus nos amou assim, também nós devemos *amá-lo*"; ou então: "Ele deu a sua vida por nós; portanto, também nós devemos dar a vida *por Ele*"...

Respondemos a Deus, amamos a Deus verdadeiramente tomando conta do outro. O caminho para voltar para Deus é muito longo, é um percurso de *êxodo* que passa pelo deserto da morte do próprio *eu* em favor do outro; não existem atalhos que possam nos levar a Deus imediatamente! Seria apenas uma piedosa ilusão. Não existe um caminho para Deus que não passe por um *intermediário*, o irmão. Por isso Jesus afirma: "*Em verdade eu vos digo: tudo o que fizestes a um só desses meus irmãos mais pequeninos, a mim o fizestes*" (Mt 25,40).

> Precisamos chegar juntos ao Bom Deus. Precisamos nos apresentar juntos. Salvar-nos juntos. Não devemos encontrar o Bom Deus sem os outros. Precisamos voltar todos juntos à casa de nosso Pai [...]. O que Ele diria se chegássemos sem os outros? (Charles Péguy. *O mistério da caridade de Joana d'Arc*).

Alcançados pelo Espírito – momento da graça –, nós nos tornamos *pneumatóforos*, portadores do Espírito. "*Nós amamos porque Ele nos amou primeiro*" (1Jo 4,19). Amados, somos capazes de sair de nós e começar a cuidar dos outros. Por isso a vida espiritual é uma vida *ex-tática*, extática, ou seja, uma vida vivida fora do eu. Fora da hegemonia do eu, do egocentrismo, da morte. Só pode viver uma vida espiritual autêntica quem foi libertado da escravidão daquele princípio mortífero que é o egoísmo. Esta é a salvação.

E é precisamente aqui que nasce a *esperança*. O homem espiritual é o homem da *esperança*.

Habitados por esse *princípio* do amor, podemos dizer, com a voz e com a vida: *eu não quero me resignar a ser mau*.

É graças a esse princípio *bom* que entrou em nós que adquirimos um olhar diferente para as coisas, os relacionamentos, os acontecimentos, a história que nos acontece. E esse olhar *do coração* nos permite remover o véu do real; ocorre uma espécie de *revelação*, e descobrimos que o que parecia verdadeiro é apenas ficção, que o que chamavam de liberdade era apenas egoísmo, que a destruição da natureza era denominada progresso, e a submissão do homem ao dinheiro era sinônimo de mercado.

Assim, o homem de esperança, que vive do Espírito, que leva uma autêntica *vida interior*, é aquele que permanece espectador – como todos – dos fatos que acontecem, sejam eles bons ou trágicos, mas sabe que isso ainda não é tudo. O que importa não é o que acontece, mas como o nosso *eu* responde a tudo isso, como respondemos a essa provocação da realidade, a esse apelo. Seremos moldados e construídos dependendo de como respondermos à realidade, se de alguma forma nos tornarmos responsáveis por ela.

De que modo? Respondendo precisamente ao mal que acontece com aquele princípio de bem pelo qual fomos alcançados: o homem espiritual é aquele que possui a liberdade, a inteligência, a confiança no outro, a capacidade de não julgar…

Dessa forma, o que acontece não tem o poder de nos derrotar, mas até traz consigo a possibilidade da realização, de uma vitória, de um renascimento: *"Esta doença não levará à morte, mas é para a glória de Deus"* (Jo 11,4). O mal deixou de ser a última palavra sobre a nossa vida.

> Minha alma, não penses
> mal dele: lhe é impossível
> fazer outra coisa.
> E – verás! –
> O Mal não vencerá
> (David Maria Turoldo. *Vedrai* [Verás]).

É aqui que se realiza o *renascimento do alto*, previsto por Jesus em sua conversa com Nicodemos (Jo 3,1ss.). Renascemos todas as vezes que nos empenhamos numa construção de nós mesmos, lançando mão de todas as potencialidades do ser adquiridas graças à habitação do Espírito, respondendo ao mal com o bem, à mentira com a verdade, à desonestidade com a honestidade.

### Com o pensamento de Jesus

"Por isso, se vivemos pelo Espírito, andemos também segundo o Espírito" (Gl 5,25). Eis a origem e a fonte da vida ética do cristão que, em última análise, é sua vida espiritual.

Ser, não para si mesmo, mas para algo que está além e acima de nós. Ser para. Redescobrir a raiz batismal-eucarística do Espírito que está dentro de nós. Por isso, ter nascido como cristãos pelo batismo significa tornar-nos responsáveis; nós somos aqueles que respondem a Deus respondendo ao irmão.

A vida espiritual não é uma vida que trai a terra, a história; pelo contrário: é somente porque vivemos uma vida dominada pelo Espírito que podemos nos afundar na lama da terra e compartilhar, assumir o mal do mundo para transformá-lo em bem, mas de dentro para fora. Quem não é espiritual tentará fazer o bem, correndo o risco de fazer muito mal, porque o bem que não está impregnado pelo amor pode transformar-se no pior dos males possíveis! Nada nos serviria se não tivéssemos a caridade (1Cor 13).

De fato, é salvo quem é livre, quem está livre de uma condição que o ameace, que o impeça de ser o que gostaria de ser ou que até mesmo possa privá-lo da vida. Paulo nos diz que a salvação é libertação da escravidão da corrupção (Rm 8,21), ou seja, da morte, do egoísmo, o mal radical.

Desde o início de sua aventura com a história, nosso Deus entra nela e traz a salvação, ligando-se com o sofrimento humano e assumindo-o sobre si mesmo.

> Ele ouve o clamor e desce:
> E ouviu Deus o seu gemido, e lembrou-se Deus da sua aliança com Abraão, com Isaac e com Jacó. E viu Deus os filhos de Israel, e atentou Deus para a sua condição (Ex 2,24-25).

Conhece os sofrimentos:

> E disse o Senhor: "Tenho visto atentamente a aflição do meu povo, que está no Egito, e tenho ouvido o seu clamor por causa dos seus exatores, porque conheço as suas dores. Portanto, desci para livrá-lo da mão dos egípcios, e para fazê-lo subir daquela terra, a uma terra boa e larga, a uma terra que mana leite e mel" (Ex 3,7-8).

Deus salva cuidando, co-sofrendo, de fato, Ele é com-passivo: *"O Senhor passou diante dele proclamando: 'Senhor, Senhor Deus, misericordioso e piedoso'"* (Ex 34,6), que acorre onde a vítima está, e nós sabemos que Deus sempre nos alcança onde estamos morrendo. Mesmo que seja no inferno. E lá não nos abandona.

O alcance salvífico dessa ação tem a ver com a experiência universal do sofrimento, não com a experiência universal do pecado:

> O primeiro olhar de Jesus não se dirigia para o pecado do outro, mas para o sofrimento do outro. Para Ele, o pecado era antes de tudo recusa em participar da dor do outro, era renúncia a pensar além do obscuro horizonte da história do próprio sofrimento; era, como a definiu Agostinho, "o fechamento do coração em si mesmo", uma entrega ao narcisismo latente da criatura. E é assim que o cristianismo começou, como comunidade de narração e de memória, o seguimento de Jesus, cujo primeiro olhar era dedicado ao sofrimento do outro (Johann Baptist Metz. *O cristianismo no pluralismo das religiões e das culturas*).

É verdade que Jesus veio salvar o seu povo dos seus pecados (Mt 1,21), mas também é verdade que Jesus concedeu a salvação às pessoas que encontrava partilhando as dores delas, as necessidades manifestadas por elas. As vidas dos discípulos são vidas que foram *salvas*.

Assim, o caminho de todo discípulo é o de Pedro, que, depois de anos na companhia do amigo Jesus, aprendeu que o essencial não é conseguir amar, mas saber que não sabe amar, e experimentar neste *não amor* o amor de Cristo; um seguimento que se rendeu a viver de graça e de misericórdia.

Foi precisamente na livre-escolha de gastar a vida pelos outros que Jesus encontrou um sentido para a própria vida; Ele tinha uma razão para viver porque tinha uma razão para morrer (ou seja, para gastar e oferecer a própria vida): o amor pelos homens seus irmãos, *até o fim* (Jo 13,1). *Homem até o extremo.* Depois de vê-lo morrer na cruz, seus discípulos compreenderam que aquele era o resultado de uma existência vivida no amor, na justiça, porque, num mundo injusto, o justo só pode ser eliminado pelos ímpios, que o consideram "*insuportável só de olhar*" (Sb 2,14).

Portanto, a vida espiritual é a vida daquele homem que sabe que, para viver, é preciso morrer, cuidando do outro. Essa maneira de viver era considerada loucura para os gregos e escândalo para os pagãos:

> Mas nós pregamos o Cristo crucificado, que é escândalo para os judeus, e loucura para os pagãos. Mas para os que são chamados, tanto judeus como gregos, pregamos Cristo, poder de Deus, e sabedoria de Deus. Porque a loucura de Deus é mais sábia do que os homens; e a fraqueza de Deus é mais forte do que os homens (1Cor 1,23-25).

No entanto, adquirir essa nova mentalidade é questão de *conversão*, de ser alcançados pelo Espírito. Assim, o homem espiritual é o homem convertido na medida em que concebe a vida como sendo moldada pela ação do Espírito Santo:

> Ora, o homem abandonado às suas forças não compreende as coisas do Espírito de Deus: elas são loucura para ele, e não pode entendê-las, porque elas se discernem por meio do Espírito. O homem movido pelo Espírito, ao contrário, julga todas as coisas, sem poder ser julgado por ninguém. De fato, *quem conheceu o pensamento do Senhor, para que possa instruí-lo?* Mas nós temos o pensamento de Cristo (1Cor 2,14-16).

O homem espiritual é o homem que tem o pensamento de Cristo e adapta sua vida a esse pensamento. É aquele que pode descer ao abismo da história porque a vê já habitada por um princípio novo, a ressurreição de Cristo. E sabe que, se lhe fosse pedida a vida, não ficaria desapontado.

Esse é o fundamento da nossa obra no mundo. O mundo "doente" é agora invadido por sementes que trazem em si a força da redenção. Essas sementes somos nós. E nós nos misturamos nessa massa como o fermento, que nada mais é do que um pouco de farinha estragada (Mt 13,33); como o sal, que conserva, mantém e queima as feridas (Mt 5,13).

E nós somos aqueles que agora veem o *mal* como uma realidade habitada por Deus, porque Deus entrou nesta terra. Ele a fecundou. E se o amor fecundou o mal, ele também dará à luz vida! E tudo será para um cumprimento.

### Sob o signo da esperança

O homem espiritual é aquele que adquiriu, por graça, um olhar diferente para as coisas. Que vê as coisas do mundo com os olhos de Deus: transfiguradas.

> Acreditar em Deus significa ver que os fatos do mundo afinal não são tudo (Ludwig Wittgenstein. *Cadernos 1914-1916*).

Ele vê as coisas como elas são, porque não é um desencantado, mas sabe que tudo já foi habitado pelo bem, e que tudo espera simplesmente que a ressurreição de Cristo se cumpra de maneira total, no interior de todas as coisas.

A vida espiritual não é nada mais que uma vida sob o signo da esperança.

É a vida que sabe que Deus atua *dentro* da realidade, e não *fora*. Ele não nos salvou do mal, da doença, do sofrimento e da morte, mas no mal, na doença, no sofrimento e na morte, fazendo de tudo isso lugares de encontro, de experiência dele. Lugares de salvação.

*"No fundo das coisas vive um frescor que brota, ardente"*, escreve François Varillon (*Traversées d'un croyant* [Travessias de um crente]).

O homem espiritual percebe em cada situação, por mais angustiante e dramática que seja, Deus em ação, uma presença incandescente. No centro do real há algo como a exuberância, um borbulhar de energia, uma profusão de vida.

*"No fundo das coisas vive o frescor mais caro"* (Gerard Manley Hopkins. *God's Grandeur* [A grandeza de Deus]), e por isso cada coisa é agora objeto de consolação. O próprio homem é *consolado* porque percebe, de um modo ou de outro, a íntima relação de tudo com sua origem em Deus. *"Como água da fonte, eu jorro da tua mão"* (Gerard Manley Hopkins).

Tudo emana de um amor, e tem em seu interior mais profundo um amor que já venceu o mundo. Deus está trabalhando nesta obra de devir, em nosso interior; dessa forma acompanha o nosso devir de dentro, conduzindo-nos para a realização.

Por isso, para usar as palavras de Flannery O'Connor, o homem é um ser *"cheio de promessa"* (*A memoir of Mary Ann* [Uma memória de Mary Ann]).

O homem espiritual não permite que sua vida seja envenenada pela presença do sofrimento, das limitações, ou sufocada por uma atmosfera impregnada de ódio. Ele sabe que tudo está simplesmente *em devir*, em construção, incompleto.

> O que geralmente mina e envenena a nossa felicidade é sentir tão próximo o esgotamento e o fim de tudo o que nos atrai: sofrimento das separações e do desgaste, angústia do tempo que passa, terror diante da fragilidade dos bens possuídos, decepção de chegar tão cedo ao fim do que somos e do que amamos (Pierre Teilhard de Chardin. *Sobre a felicidade*).

> Arrastaremos conosco, até o fim, incoerências e incompletudes: o essencial é ter encontrado o centro de unificação, Deus, e ter sinceramente tentado, em vida, fazê-lo reinar em nós, neste pequeno fragmento de ser (Pierre Teilhard de Chardin. *Gênese de um pensamento*).

O cristão, o homem espiritual, é aquele que vê o mundo à espera de realização, cheio de promessa, inclinado para o sentido escatológico.

Viver é, portanto, *"habitar na possibilidade"* (Emily Dickinson. *Poesia 657*). A sede de infinito que o homem traz em seu coração, a tensão para o absoluto que o anima, não pode ser saciada. O homem é, em sua essência, aberto para o possível. Para o homem de fé, a vida é abertura para a possibilidade, a qual não depende apenas das suas forças.

Em seu *O ambiente divino*, Teilhard de Chardin escreve:

> Deus não desvia nosso olhar prematuramente do trabalho que Ele mesmo nos impôs, porque Ele se apresenta a nós alcançável por intermédio desse trabalho. Não. Ele não faz desaparecer em sua luz intensa os aspectos específicos dos nossos objetivos terrenos, porque a intimidade da nossa união com Ele depende exatamente da perfeição efetiva que daremos aos nossos menores atos. Meditemos essa verdade fundamental até que ela se torne tão habitual para nós quanto a percepção de profundidade ou a leitura das palavras. No que tem de mais vivo e mais encarnado, Deus não está distante de nós, fora da esfera tangível, mas Ele nos espera a cada instante na ação, na obra do momento. De alguma forma, Ele está na ponta de minha caneta, do meu martelo, do meu pincel, da minha agulha, do meu coração, do meu pensamento. É levando à última perfeição natural o traço, o golpe, o ponto ao qual estou me dedicando, que alcançarei a Meta última para a qual tende a minha vontade profunda.

E isso sabendo que a última palavra sobre o sucesso da nossa vida será dita no momento da realização final.

> Antes de tudo, tenha confiança na lenta obra de Deus. Por natureza, somos impacientes para chegar rapidamente ao fim, em todos os nossos atos. Gostaríamos de queimar etapas. Ficamos inquietos por estarmos rumando para algo desconhecido, novo... No entanto, não é possível obter algum progresso sem passar por

> momentos de instabilidade e de precariedade... Pouco a pouco, suas ideias amadurecem, deixe-as crescer, deixe que tomem forma. Não tente "forçá-las", quase como se você pudesse ser hoje aquela que o tempo (ou seja, a graça, e as circunstâncias que agem em sua boa vontade) fará de você amanhã. Só Deus sabe como será esse novo espírito que, pouco a pouco, está se delineando em você. Tenha fé em Nosso Senhor, acredite que a mão dele está guiando você na escuridão e no "vir a ser", e aceite, por amor a Ele, a inquietude de se sentir suspensa e como que inacabada (Teilhard de Chardin. Carta de 4 de julho de 1915 à prima Marguerite Teilhard-Chambon. *Gênese de um pensamento*).

A característica fundamental da vida espiritual não será, portanto, a *perfeição*, a *realização* entendida em sentido moralista, mas sim a *incompletude*. É precisamente graças a esse nosso estado contínuo de *obra em progresso* que pode entrar a obra de um Outro. É no nosso limite que se realiza o seu amor ilimitado. É na nossa espera de realização que sua promessa se realizará plenamente.

Nesse contínuo canteiro aberto, que é o homem, ele também sabe que tudo pode se tornar material de construção, cada pequeno momento do cotidiano. Por isso, não podemos desperdiçar nada, não podemos jogar fora nada da nossa história, da história do mundo e do homem.

Porque poderíamos perceber tarde demais que desperdiçamos algo.

Alguns dias depois de tomar posse da suntuosa mansão, Ernst Kazirra, ao voltar para casa, viu ao longe um homem que, com uma caixa nos ombros, saía por uma portinha secundária do muro e colocava a caixa num caminhão.
Não conseguiu alcançá-lo antes que partisse. Então o seguiu de carro. E o caminhão fez um longo caminho, até a extrema periferia da cidade, parando à beira de um profundo vale.
Kazirra desceu do carro e foi ver o que estava acontecendo. O desconhecido tirou a caixa do caminhão e, dando alguns passos, atirou-a no barranco que estava cheio de milhares e milhares de outras caixas iguais.
Aproximou-se do homem e lhe perguntou:

– Eu o vi retirando aquela caixa do meu parque. O que havia dentro dela? E o que são todas estas caixas?
O homem olhou para ele e sorriu:
– Ainda tenho mais no caminhão, para jogar fora. Você não sabe? São os dias.
– Que dias?
– Os seus dias.
– Os meus dias?
– Os seus dias perdidos. Os dias que você perdeu. Você esperava por eles, não é? Eles vieram. E o que você fez com eles? Olhe para eles, estão intactos, ainda cheios. E agora?

Kazirra olhou. Formavam um monte imenso. Desceu pela encosta do barranco e abriu um deles. Lá dentro havia uma estrada de outono e, longe, Graziela, sua namorada, que partia para sempre. E ele nem a chamava.

Abriu um segundo. Havia um quarto de hospital, e na cama seu irmão, Josué, que estava doente e o esperava. Mas ele estava viajando a negócios.

Abriu um terceiro. No portãozinho da casa velha e pobre estava Duk, o fiel mastim, que o esperava havia dois anos, reduzido a pele e ossos. E ele nem pensava em voltar.

Sentiu um aperto na boca do estômago. O carregador estava de pé à beira do vale profundo, imóvel como um justiceiro.

– Senhor! – gritou Kazirra. – Ouça. Deixe-me ficar pelo menos com estes três dias. Eu lhe suplico. Pelo menos com estes três. Sou rico. Dou tudo o que você quiser.

O carregador fez um gesto com a mão direita, como se indicasse um ponto inatingível, como se dissesse que era tarde demais e que já não havia remédio. Depois esvaiu-se no ar, e instantaneamente desapareceu também o gigantesco monte das caixas misteriosas. E caía a sombra da noite (Dino Buzzati. *Os dias perdidos*).

# À escuta do Evangelho
## Para uma espiritualidade da consciência

> ³⁷E, como foi nos dias de Noé, assim será também a vinda do Filho do homem. ³⁸Porque, assim como, nos dias anteriores ao dilúvio, comiam, bebiam, casavam-se e davam-se em casamento, até o dia em que Noé entrou na arca, ³⁹e não o perceberam, até que veio o dilúvio, e os levou a todos, assim será também a vinda do Filho do homem. ⁴⁰Então, estando dois no campo, será levado um, e deixado o outro;
> ⁴¹estando duas moendo no moinho, será levada uma, e deixada a outra.
> ⁴²Vigiai, pois, porque não sabeis a que hora há de vir o vosso Senhor. ⁴³Mas considerai isto: se o pai de família soubesse a que vigília da noite havia de vir o ladrão, vigiaria e não deixaria minar a sua casa. ⁴⁴Por isso, estai vós preparados também; porque o Filho do homem há de vir à hora em que não pensais (Mt 24,37-44).

Nos capítulos 24 e 25 do Evangelho de Mateus delineia-se o chamado *discurso escatológico* de Jesus, uma espécie de catequese sobre as *coisas últimas*, sobre o que caberá ao homem ao final da nossa história universal. Mas, paradoxalmente, através das várias parábolas, exemplos e exortações usados nesses dois capítulos, a atenção de Jesus parece inteiramente focada no momento presente, nas atividades cotidianas, em questões muito práticas. O ponto de chegada desse longo discurso será, de fato, o trecho de Mt 25,31ss., em que Jesus correlaciona a própria salvação eterna com ações incrivelmente ligadas ao cotidiano e, portanto, ao humano: "*Tive fome e me destes de comer, tive sede e me destes de beber, era estrangeiro e me acolhestes, estava nu e me vestistes…*" (v. 35ss.).

Ao fazer uma leitura atenta do Evangelho, percebemos que Jesus, quando se refere ao futuro escatológico, não pretende se pronunciar sobre o que acontecerá naquele contexto: ele não faz uma "previsão do futuro", e certamente não pretende incutir medo nos ouvintes em relação a possíveis castigos reservados aos ímpios que se comportaram mal na vida presente. Quando Jesus fala do "mundo que virá", é sempre para alertar seus seguidores – e portanto cada um de nós – sobre a importância da vida cotidiana, do aqui e agora da existência. Por esse motivo, toda a atenção desses dois capítulos concentra-se precisamente em quais atitudes, qual estilo de vida, qual mentalidade temos de viver hoje para participar completamente do *fim* que nos espera. Em suma, para Jesus não existe vida futura se não se faz com que o momento presente seja *eterno*, ou seja, pleno.

Os dois termos que voltam com insistência nesse discurso e especialmente em nosso trecho (v. 42 e 44) são: *vigiai* e *estai preparados*. O cristianismo, a fé, não é um "ópio dos povos", como o definiu Karl Marx, uma espécie de "anestesia existencial", destinada a concentrar toda a atenção no além, traindo assim o cotidiano, ou seja, a única vida que nos é dada, mas exatamente o contrário. O essencial da aventura cristã é estar despertos, ter os olhos bem abertos para o mundo, saber distinguir o momento presente, fazer – neste preciso instante – todas aquelas escolhas que nos permitem viver verdadeiramente, como mulheres e homens realizados e felizes, e sobretudo para sempre.

Assim, o futuro será caracterizado pela intensidade e pela plenitude com que se vive o presente. Não existe história, não existe futuro, sem uma existência verdadeiramente vivida *aqui e agora*.

Por isso, as palavras de Jesus são sempre um chamado ao *aqui e agora da vida*. Elas nos alertam para a maneira como estamos vivendo a vida no cotidiano simples e repetitivo dos eventos.

Quem não abre os olhos *para o aqui e agora* não viverá com olhos abertos nem sequer *no além*. Quem não vive como ressuscitado na vida presente não terá ilusões: não viverá como ressuscitado nem sequer depois de morto!

E como viver como *ressuscitados* neste mundo? De uma maneira incrivelmente simples! Vivendo a vida pelo que ela é; como todos a vivem, atentos às pequenas coisas, as simples e banais de todos os dias. O homem *integral*, o homem *ressuscitado*, é aquele que não acrescenta nada às coisas simples do cotidiano. A salvação não é questão de "quantidade", mas de *qualidade*.

Uma vida que se torna *atenta* ao cotidiano, uma vida que não negligencia nada, mas considera que tudo pode contribuir para sua realização, se chama – como repetimos várias vezes – *vida espiritual*. A vida espiritual não é uma existência que "*acrescenta*" algo mais à vida cotidiana, mas é constituída pelo que a história, as circunstâncias lhes oferecem e a impregnam de amor, transformando-a assim numa vida "outra". Por isso, não é preciso viver outras vidas para realizar o coração, mas sim viver a vida de outra maneira!

O trecho conta o que se fazia na época de Noé. Simplesmente o que se fez em todos os tempos e se fará sempre: comer, beber, casar-se, dar à luz... Porque a vida é feita de instantes, simples e repetitivos. Mas o texto, nas entrelinhas, nos mostra que, nesta lenta sucessão de instantes, alguns vivem o momento presente de maneira mais profunda, não distraída, conscientemente.

Alguém percebeu que *existir* não basta, não é suficiente, é ainda muito pouco. Vislumbrou a necessidade de construir a si mesmo de tal maneira que a existência se transforme em vida, vida em plenitude, superabundante, qualitativamente tão elevada a ponto de ser capaz de vencer até a morte. Este é Noé, um personagem que passava a vida como todos os outros, transitava pelos mesmos lugares, e ano após ano se "construía", como todos os seus contemporâneos, com gestos comuns, mas vividos com tal intensidade que se tornaram únicos, poderíamos dizer *eternos*. Vivia de maneira *espiritual*, construindo uma arca capaz de resistir ao dilúvio destruidor que se abateria sobre a vida, e vencer assim sua força mortal.

Nesse texto, Jesus compara a vida espiritual, a vida vivida de maneira madura e consciente, com a construção de uma arca, ou seja, de algo que se tornaria sua própria salvação. A vida vivida no amor por Jesus é uma existência que no final nem sequer o mal poderá tocar e submergir. Na verdade, será a própria vida, a pessoa que amou, que terá condições de resistir ao mal, e portanto à morte lançada sobre ela. Para quem ama, o mal não terá nenhum poder, nem sequer o mal último que é a morte.

Aos olhos dos contemporâneos de Noé, este homem devia ser julgado louco. Numa terra quase desértica, ofuscada pelo sol, ele levou uma vida construindo um barco! Mas para quê? Para quem? Para que poderá servir? É a pergunta que muitas vezes se faz em relação ao amor: *para que serve?* De que adianta amar? Não é tempo desperdiçado? Para qual vantagem? Não é inútil? O que recebo em troca?

Noé vive de um lento e constante trabalho interior, se constrói, dia após dia. Amando. Ele se constrói como pessoa, torna-se maduro, plenamente ele mesmo, homem completo. E, no final, essa sua construção no amor lhe permitirá atravessar o dilúvio, a força do mal e a própria morte.

Sim, ele deve ter sido considerado louco, mas sabemos que quem ama está fora de si. Como um camponês que lança no solo uma grande quantidade de sementes que poderia utilizar como alimento, imediatamente, mas ele tem consciência de que, mesmo que pareça um desperdício, a colheita será abundante. Como Jesus, o próprio Amor do Pai, que até sua mãe e seus irmãos foram buscá-lo para levá-lo de volta para casa, alegando que estava *fora de si* (Mc 3,21). Como Maria de Magdala, que quebrou um vaso de perfume preciosíssimo, de puro nardo, um gesto considerado louco por Judas, e por todos os Judas da história, que atribuem um preço a todas as coisas, a todas as ações, até ao amor (Jo 12,1ss.).

Mas o amor, por natureza, não tem preço, é *preciosíssimo*, sim, mas não tem preço. Se o amor – como a beleza, que é sua manifestação – tivesse um preço, deixaria de ser amor.

Obviamente, Noé é uma das muitas imagens do Antigo Testamento que prefiguram a aventura humana e divina de Cristo. Jesus viveu sua vida num contexto cotidiano, compartilhando as alegrias, os esforços e os dramas dos seus contemporâneos: homem entre os homens de seu tempo, imerso no mal de uma dominação romana sufocante. Ele viveu a vida como homem, como todos, mas com o valor agregado pelo amor, pelo dom de uma vida como *pró-existência*; e graças a uma vida assim, aquele *madeiro* que deveria representar para Ele a condenação definitiva, o mal absurdo como palavra última sobre o Filho de Deus, se transformará em *arca* de salvação, capaz de transportá-lo para a outra margem do mar (do mal), para uma vida ressuscitada, vitoriosa sobre todos os males.

A cruz, ou melhor, o crucifixo, é agora a arca que, encalhada no topo do monte – desta vez não mais o Ararat mesopotâmico, mas o Gólgota –, fez com que uma nova humanidade saísse do seu lado (sangue-água, símbolo do batismo e da Eucaristia) e caminhasse numa vida nova (Rm 6,4).

Em última análise, nós construímos a salvação no nosso cotidiano, respondendo ao mal com o bem, estabelecendo relacionamentos interpessoais como oportunidades de comunhão, de perdão e de festa. Do contrário, como os contemporâneos de Noé, que "*não perceberam nada*" (v. 39) por estarem distraídos, seremos arrastados pelo mal. Cuidado, ninguém disse que eram maus, mas simplesmente que estavam distraídos, etimologicamente "*puxados para cá e para lá*" por todas as coisas, perdendo assim o eixo.

Como o *rico epulão* (Lc 16,19-31), sobre o qual Jesus não pinta um quadro moral, definindo-o como *mau*, mas simplesmente como *distraído*, que habita o seu palácio, vive banqueteando em sua mesa e pensa em suas roupas, ações que o *distraem*, o fazem ir de um lado para o outro, impedindo-o de notar o pobre Lázaro coberto de chagas, prostrado à sua porta há anos.

Portanto, temos de crescer na *vida espiritual*, crescer na *vida interior*, aquela que nos traz para o centro do ser, aquela ação que nos re-centra, que nos leva de volta ao lugar natural do nosso ser, do contrário estaremos sempre *deslocados*, sem um lugar existencial, sempre em outro lugar.

E chegamos a isso prestando atenção ao cotidiano, à nossa história. Então tudo se torna importante, nada é secundário. Por isso o Evangelho insiste tanto na *vigilância*, na necessidade de estar despertos (Mc 13,35; Lc 12,37), ou seja, de ter olhos capazes de perceber que cada coisa, cada gesto, cada relacionamento, cada trabalho, cada pequena atitude cotidiana traz consigo o selo do infinito e tem um alcance de eternidade.

Cada dia traz consigo a oportunidade de viver para sempre, fazendo as coisas de sempre, mas o sábio sabe que pode vivê-las de um modo "outro", imbuindo-as de amor, única possibilidade de resgatá--las da insignificância e do esquecimento.

A vida é um jogo muito breve, por por isso deve ser vivida da única maneira que importa: o amor, a atenção ao outro, a saída de nós mesmos, do contrário conheceremos apenas a derrota, a sua destruição sob as *águas do dilúvio*, ou seja, o tempo da história que desabará sobre nós com seu fruto mais perfeito, a morte. E ficaremos submersos, mas, acima de tudo, *não perceberemos nada*.

Conecte-se conosco:

- **f** facebook.com/editoravozes
- **◎** @editoravozes
- **𝕏** @editora_vozes
- **▶** youtube.com/editoravozes
- **◉** +55 24 2233-9033

www.vozes.com.br

Conheça nossas lojas:

www.livrariavozes.com.br

Belo Horizonte – Brasília – Campinas – Cuiabá – Curitiba
Fortaleza – Juiz de Fora – Petrópolis – Recife – São Paulo

**EDITORA VOZES LTDA.**
Rua Frei Luís, 100 – Centro – Cep 25689-900 – Petrópolis, RJ
Tel.: (24) 2233-9000 – E-mail: vendas@vozes.com.br